DON
BOSCO

Marco Kargl

Die 50 besten Spiele für Wertschätzung im Alltag

DON BOSCO

MiniSpielothek

**Gerne nehmen wir Ihre Anregungen,
Wünsche, Kritik oder Fragen entgegen:**
Don Bosco Medien GmbH, Sieboldstraße 11, D-81669 München
anregungen@donbosco-medien.de
Servicetelefon: +49(0)89 4 80 08-3 41

Bibliografische Information der Deutschen Nationalbibliothek

Die Deutsche Nationalbibliothek verzeichnet diese Publikation in der Deutschen Nationalbibliografie; detaillierte bibliografische Daten sind im Internet über http://dnb.d-nb.de abrufbar.

klimaneutral
gedruckt
www.klima-druck.de
ID-Nr. 21105634
bvdm.

1. Auflage 2022 / ISBN 978-3-7698-2540-4

www.donbosco-medien.de
Umschlag: Don Bosco Medien GmbH, München
Umschlaggrafik: emi/stock.adobe.com
Layout: Alexandra Paulus
Satz: Don Bosco Medien GmbH, München
Druck: Don Bosco Druck & Design, Ensdorf

Gedruckt auf umweltfreundlichem Papier

Variationen

- Wenn der Satz allen zugeflüstert wurde, wird er mit dem Ausgangssatz verglichen und kann von allen nochmal gemeinsam laut wiederholt werden.
- Vor jedem Satz wird der Name des Kindes erwähnt, dem ins Ohr geflüstert wird, z. B.: „Luisa, schön, dass es dich gibt."

Material

kleiner Korb, vorbereitete Sätze auf Zetteln

Schneckenkinder

Es werden Paare gebildet. Ein Kind übernimmt zuerst die Rolle einer Schnecke im Schneckenhaus und rollt sich z. B. auf einer Matte am Boden liegend ein. Daraufhin wird über das Schneckenkind eine Decke gelegt, allerdings nur, sofern das Kind zustimmt. Anschließend beginnt das zweite Kind, das Schneckenkind liebevoll dazu zu bringen, aus dem Schneckenhaus zu kommen.

Die Spielleitung gibt den Kindern folgende Anleitung: *„Versuche, das Schneckenkind aus dem Haus zu locken. Das Schneckenkind kommt aber nur ganz, ganz langsam aus dem Haus, wenn es freundlich und liebevoll gelockt wird.“*

Vor dem Spiel können hierfür gemeinsam freundliche und liebevolle Handlungen und Worte gesammelt werden.

Material

Matten, Decken

Freude schenken

In der Gruppe werden zunächst positive Symbole gebastelt, z. B. Sonne, Blume, Marienkäfer, Kleeblatt. Versehen werden die Symbole mit positiven oder bestärkenden Botschaften oder Zitaten. Anschließend werden die Kinder in Gruppen von drei bis vier Kindern eingeteilt. Jede Gruppe erhält mehrere gebastelte Symbole.

Daraufhin machen sie sich gemeinsam auf den Weg an einen Ort, an dem Passanten anzutreffen sind. Sie bitten die Passanten um ein wenig Aufmerksamkeit und schenken den (fremden) Menschen, die ihnen begegnen, jeweils ein Symbol mit Botschaft.

Die Gruppen sollten verschiedene Bereiche des Ortes ansteuern. Zuvor kann vereinbart werden, was den Passanten gesagt werden soll, und wie die Kinder mit Ablehnung umgehen können. Zudem sollte eine erwachsene Person jede Gruppe begleiten.

Material

Bastelmaterial für Symbole

Lauf durch die Mitte

Die Kinder stehen Spalier. Alle Kinder strecken die Hände mit offenen Handflächen nach vorn aus, sodass sie die ausgestreckten Arme und Hände ihres Gegenübers leicht berühren.
Ein Kind beginnt damit, durch das Spalier zu laufen. Kurz bevor das Kind die ersten Kinder des Spaliers erreicht, ziehen diese Kinder die Arme schnell hoch. Dazu jubeln die Kinder im Spalier dem laufenden Kind laut zu.
Nachdem das Kind das Spalier passiert hat, bringen die Kinder die Arme wieder in die Ausgangsposition zurück. Das Kind reiht sich am Ende der Reihe ein und das nächste Kind folgt. So geht es weiter, bis alle an der Reihe waren.

Ich tue, was du gern tust

Zuerst wird gemeinsam gesammelt, was die Kinder gern tun, was ihnen also Freude macht. Die gesammelten Aussagen werden auf einzelne Zettelchen geschrieben. Zur jeweiligen Tätigkeit wird auch der Name des Kindes geschrieben.

Beispiele

Fahrrad fahren, mit der Familie Eis essen gehen, mit Freunden Fußball spielen, die Oma besuchen, Kuchen essen, ein Buch lesen, ein Spiel spielen

Anschließend werden die Zettel gefaltet und in einen Behälter gegeben. Jedes Kind zieht nun einen Zettel und bekommt die Aufgabe, während der nächsten sieben Tage die Tätigkeit mit dem Kind, das auf dem Zettel steht, gemeinsam zu tun.
Daraufhin kann ein Austausch über die gemachten Erfahrungen folgen.

Material

Zettel, Stifte, Behälter

Spielebasar

Zwei Kinder tauschen nach einem vorgegebenen Zeitraum (z. B. einmal im Monat oder alle vierzehn Tage) ein Spiel oder ein Buch untereinander aus. Nach dem vereinbarten Zeitraum bringen sie es wieder mit und erzählen von ihren Spielerfahrungen.

Hinweise

- Eine sinnvolle Regel kann sein, dass keine Computerspiele ausgetauscht werden dürfen.
- Die Erwachsenen können zuvor klären, wie sie damit umgehen wollen, wenn ein Spiel beschädigt zurückgebracht wird.

Geschichten erzählen

Die Kinder werden zu dritt in Gruppen aufgeteilt und überlegen sich zwei wahre und eine falsche Geschichte aus ihrem Alltag. Die falschen Geschichten sollten nicht aus der Zeitung oder anderen Medien stammen, sondern selbst ausgedacht sein.
Anschließend wird eine Bühne aufgebaut, auf der die Gruppen ihre Geschichten erzählen können. Jedes Kind sollte eine Geschichte erzählen. Die anderen Gruppen beraten dann, welche Geschichte nicht stimmt. Daraufhin werden die Ergebnisse von allen Gruppen gesammelt. Erst danach folgt die Auflösung.

Hinweis

Die Spielleitung kann die einzelnen Geschichten nach dem Erzählen mit einer zusammenfassenden Überschrift versehen und kurz wiederholen.

Variation

Es dürfen nur schöne Erfahrungen erzählt werden.

Wertvolle Fracht

Ein Kind, das sich freiwillig meldet, legt sich mit dem Rücken auf eine Matratze, Decke oder Matte. Dieses Kind stellt die wertvolle Fracht dar. Die anderen Kinder haben die Aufgabe, das Kind behutsam von A nach B zu transportieren, ohne das Kind zu berühren. Der Weg kann vorgegeben oder von den Kindern selbst geplant werden.

Variationen

- Das Kind soll huckepack getragen werden. Dabei wird die Strecke in längere und kürzere Bereiche aufgeteilt. Die Kinder entscheiden dann, wer welchen Abschnitt übernimmt, je nach Stärke und körperlicher Fähigkeit. Die Kinder dürfen die körperlich Schwächeren entlasten, indem andere Kinder mehrere Abschnitte übernehmen.
- Es können Aufgaben verteilt werden, z. B.: Träger, Motivator, Helfer.

Hinweis

Die Spielleitung sollte den Transport gemeinsam mit den Helfern beaufsichtigen und begleiten.

Material

Decke, Matratze oder Matte

Erinnerungsschatztruhe

Wenn ein Kind eine Gruppe für immer verlässt, kann ein letztes gemeinsames Spiel gespielt werden.
In der Mitte des Raumes steht eine Schatztruhe, in der sich viele Muggelsteine oder andere schöne Steine befinden. Jedes der Kinder bekommt einen oder mehrere Steine. Die Kinder sollen nun überlegen, was sie Schönes mit dem Kind erlebt haben und woran sie sich gern zurückerinnern.
Nun wird die Ausgangsfrage formuliert: „Was habe ich/haben wir mit ... (Name des Kindes) Schönes erlebt? Woran erinnere ich mich gern zurück?"
Nun darf ein Kind beginnen und die Erfahrung/die Erinnerung erzählen. Daraufhin legt es den Edelstein/die Edelsteine in die Schatzkiste.
Hat ein Kind nichts zu sagen, darf es stattdessen auf die Frage „Was wünsche ich dir?" antworten.
Haben alle die Steine in die Schatztruhe gelegt, wird sie geschlossen und dem Kind, das gehen wird, als Erinnerung überreicht.

Variation

Bevor eine Gruppe sich auflöst, kann dieses Spiel ebenso gespielt werden. Die Frage lautet dann: „Was habe ich mit der Gruppe Schönes erlebt? Woran erinnere ich mich gern zurück?“ Dabei liegen die Steine zuerst in der Schatztruhe und werden von den Kindern herausgenommen, nachdem sie etwas gesagt haben. So bekommt jeder einen Edelstein mit nach Hause.

Material

Schatztruhe, Muggelsteine oder andere schöne Steine

Klatschspiel

Jeder überlegt für sich selbst, wie er gern zur Begrüßung abgeklatscht werden möchte. Anschließend präsentiert jedes Kind vor der Gruppe seine Überlegung. Um es zu üben, gehen die Kinder frei durch den Raum, bleiben vor einem anderen Kind stehen und üben zuerst das Abklatschen des einen und dann des anderen Kindes.
Die Aufgabe für die kommende Zeit ist dann, dass immer, wenn sich zwei Kinder begegnen, zuerst das Abklatschen stattfindet. Wenn sich mehrere Kinder begegnen, wird mit allen abgeklatscht.

Hinweis

Das ist eine Form des bewussten Begrüßens beim Zusammenkommen, die der Individualität der Kinder entspricht. Es sollte daher eher kein einheitliches Abklatschen für alle gefunden werden.

Spiele für Achtsamkeit und Selbstfürsorge

Schöne Momente sammeln

Jedes Kind bekommt am Anfang des Tages eine kleine Tüte mit circa fünf bis zehn Muggelsteinen. Jedes Mal, wenn das Kind im Laufe des Tages etwas Schönes erlebt, darf es einen Muggelstein aus der Tüte nehmen und in die Hosentasche stecken oder an einem anderen bestimmten Ort ablegen. Am Ende der gemeinsamen Zeit kann die Spielleitung nachfragen, was die schönen Momente im Laufe des Tages gewesen sind und ob es sich noch daran erinnert.

Hinweise

Es können auch andere Gegenstände verteilt werden, z. B. kleine Marienkäfer oder was gerade in ausreichender Stückzahl vorhanden ist.

Variation

Sehr schön ist es, wenn die Eltern in diese Übung eingebunden werden und sich am Abend mit ihren Kindern über ihre schönen Momente austauschen.

Material

pro Kind fünf bis zehn Muggelsteine, kleine Tüten

Ich sehe was Schönes, was du nicht siehst

Dieses Spiel ist ähnlich wie das bekannte Spiel „Ich sehe was, was du nicht siehst“. In diesem Spiel geht es allerdings darum, etwas zu finden, das das Kind, das die Frage stellt, schön findet. Wenn die anderen Kinder erraten haben, was es ist, darf das Kind noch sagen, warum es das Ausgewählte schön findet. Daraufhin kommt das nächste Kind an die Reihe.

Hinweis

Alternativ kann auch der Begriff „wertvoll“ statt „schön“ verwendet werden.

Was ist anders?

Ein Zimmer wird vorab für dieses Spiel ausgewählt. Dann haben die Kinder zwei Minuten Zeit, das Zimmer genau anzuschauen und sich, so gut es geht, zu merken, was sich alles im Raum befindet und wo. Anschließend verlassen alle bis auf ein Kind das Zimmer. Dieses Kind hat jetzt die Aufgabe, ein Detail im Zimmer zu verändern, z. B. eine Decke anders zu platzieren oder einen Stift in der Schublade verschwinden zu lassen oder ein Buch anders einzusortieren. Daraufhin gibt das Kind im Zimmer ein Signal, z. B. dreimal an die Tür klopfen. Die anderen Kinder dürfen hereinkommen und beginnen zu raten, was sich verändert hat. Das Kind, das errät, was verändert wurde, darf als Nächstes etwas verändern.

Hinweis

Je nach Alter der Kinder kann die Schwierigkeitsstufe angepasst werden. Bei älteren Kindern dürfen z. B. auch Gegenstände in verborgenen Bereichen, z. B. in Schränken, verändert werden. Jüngere Kinder kann ein Erwachsener unterstützen.

Freude-Pyramide

Jedes Kind erhält sechs quadratische Bauklötze. Auf jeden der Klötze schreibt es etwas, das es gern macht und ihm Freude bereitet. Die sechs Bauklötze können an einem bestimmten Ort im Raum für jeden als Freude-Pyramide aufgestellt werden.

Variation

Sobald ein Kind etwas macht, das auf einem Klötzchen steht, macht es einen Strich auf die Rückseite. Nach einer zuvor vereinbarten Zeit, z.B. zwei Wochen, treffen sich die Kinder wieder. Gemeinsam schauen sie, wie viel sie von dem gemacht haben, was ihnen Freude bereitet.

Material

pro Kind sechs quadratische Bauklötze

Energieballon

Ein aufgeblasener Luftballon wird in die Hände genommen und mit „schlechter Energie“ gefüllt. Das Kind sagt zum Ballon, was es vor kurzem Schlimmes oder Schlechtes erlebt hat (z.B. Streit, Angst, schlechte Note, Unfall). Daraufhin wird der Luftballon so fest wie möglich in die Luft geboxt. Der Luftballon sollte nicht auf den Boden fallen. Es wird so lange gespielt, wie das Kind will.
Wenn mehrere Kinder da sind, sollte jedes Kind mindestens einmal den Ballon in die Höhe geschlagen haben. Am Ende wird der Ballon zum Platzen gebracht.

Material

Luftballon

Wunschkonzert

Die Kinder bekommen circa fünf einheitliche Zettel, auf die sie je einen Wunsch schreiben, den sie haben. Es können kleine Alltagswünsche und größere Wünsche sein. Anschließend werden die Zettel von allen Kindern in einer Schatztruhe oder in einem Körbchen gesammelt.

Daraufhin beginnt ein Kind und zieht den ersten Zettel. Es liest den Wunsch laut vor. Das nächste Kind in der Reihe darf als Erstes sagen, ob es weiß, von wem der Wunsch kommt. Weiß es das nicht, sagt es „weiter“ und das nächste Kind in der Reihe ist dran. Sagt es einen Namen und stimmt dieser nicht, ist ebenfalls das nächste Kind an der Reihe. So geht es weiter, bis die richtige Antwort genannt wurde.

Anschließend zieht das Kind den nächsten Zettel.

Variation

Ab circa acht Personen können die Kinder in zwei Gruppen eingeteilt werden und ihre Wünsche pro Gruppe in eine Box legen. Anschließend muss die andere Gruppe raten, von wem der Wunsch geäußert wurde.

Hinweis

Dieses Spiel eignet sich auch besonders gut für Gruppen, die sich noch nicht so gut kennen.

Material

Zettel, Stifte, Schatztruhe oder kleiner Korb

Ich bin Funker

Mehrere Kinder sitzen im Kreis zusammen. Jedes Kind überlegt sich einen Satz, der mit „Ich bin …“ anfangen und mit einem positiven Eigenschaftswort beendet werden soll. Die Kinder sagen alle ihre Sätze laut vor der Gruppe.

Beispiele

- Ich bin stark.
- Ich bin lustig.
- Ich bin freundlich.

Ein Kind geht daraufhin in die Mitte und bekommt eine halbe Schwimmnudel. Ein weiteres Kind beginnt und sagt sein positives Eigenschaftswort, z. B.: „cool“, ergänzt mit „funkt an“ und sucht sich ein anderes Kind aus, dessen Wort es sich gemerkt hat, z. B. „sportlich“. Das Kind, das „Ich bin sportlich“ gewählt hat, muss nun schnell das Eigenschaftswort sagen, dann „funkt an“ und anschließend das Wort eines anderen Kindes ergänzen.
Das Kind in der Mitte muss währenddessen versuchen, mit der Schwimmnudel auf die Beine des „fun-

kenden" Kindes zu tippen, bevor es alles ausgesprochen hat. Wurde das Kind rechtzeitig angetippt, muss dieses in die Mitte.

Hinweis

Das Spiel ist eine Variation des Spiels „Zeitungsschlagen".

Material

halbe Schwimmnudel

Spielhöhle

Ein Kind baut sich an einem selbst gewählten und passenden Ort eine Höhle, in die es sich jederzeit zurückziehen kann. Es gibt der Höhle einen Namen. Daraufhin wird das Innere der Höhle gestaltet. Es darf alles hinein, was das Kind braucht, um sich darin wohlzufühlen, z.B. eine Lampe, Kissen, eine Decke, Kuscheltiere, Bücher und natürlich das aktuelle Lieblingsspiel.

Variation

Es können auch mehrere Kinder gemeinsam eine Spielhöhle bauen.

Hinweis

Es muss darauf geachtet werden, dass es eine Frischluftzufuhr gibt und das Kind nicht zu lange in der Höhle bleibt.

Codewort

Die Kindergruppe überlegt sich ein Codewort, welches jeder jederzeit aussprechen kann, um z. B. eine Umarmung zu bekommen. Es können auch mehrere Codewörter für unterschiedliche Bedürfnisse gefunden werden, zum Beispiel mit Obst und Gemüsesorten:

- „Pfirsich“ für eine Umarmung
- „Apfel“ für eine Streicheleinheit auf dem Kopf
- „Salat“ für eine gemeinsame Spielzeit
- „Wassermelone“ für großen Hunger
- „Honigmelone“ für kleinen Hunger

Codewörter können für jeden Bereich gefunden werden. Die Kinder lernen dadurch, dass sie ihre Bedürfnisse ernst nehmen dürfen.

Rufer in der Stille

Die Kinder sitzen ruhig im Raum. Ein Kind beginnt schließlich und ruft laut den Vornamen eines anderen Kindes. Dieser Name darf nicht mehr verwendet werden. Dann ruft ein weiteres Kind einen neuen Vornamen laut. So geht es weiter. Sobald zwei Kinder gleichzeitig einen Namen rufen oder ein bereits erwähnter Vorname ein zweites Mal gerufen wird, ist das Spiel zu Ende. Die Kinder dürfen zudem nicht ihren eigenen Namen rufen.
Das Ziel ist, so viele Vornamen der Kinder zu rufen wie möglich.

Hinweis

Das Spiel braucht Stille und die Aufmerksamkeit der Kinder. Je öfter das Spiel gespielt wird, umso leichter fällt es den Kindern, achtsamer zu werden.

Spiele für Wertschätzung gegenüber der Umwelt

Die Regensammler

Für dieses Spiel muss es regnen. Aufgabe der Kinder ist es, so viel Regenwasser wie möglich zu sammeln. Dabei dürfen sie alle möglichen Gegenstände verwenden. Nach einer vereinbarten Zeit oder wenn es aufgehört hat zu regnen, schüttet jedes Kind sein gesammeltes Wasser in einem Gefäß zusammen. Das Kind, das am meisten Wasser gesammelt hat, gewinnt.

Hinweise

- Damit kein Streit über die Gefäße entbrennt, sollten klare Regeln vereinbart werden oder die Geräte vorher gerecht aufgeteilt werden.
- Das Spiel darf nur bei Regenwetter ohne Gewitter stattfinden.

Material

verschiedene Gefäße

Bitte lächeln!

Jedes Kind wird mit einem Handy mit Kamerafunktion oder einem Fotoapparat ausgestattet. Während eines Spaziergangs fotografieren die Kinder so viele unterschiedliche Tiere wie möglich. Das können Insekten, aber auch größere Tiere sein. Das Kind, das am meisten unterschiedliche Tiere entdeckt hat und fotografieren konnte, gewinnt.

Variation

Das Spiel kann auch mit Blumen oder Bäumen gespielt werden. Bei Bäumen ist zu beachten, dass die Kinder die Blätter und eventuell die Rinde oder Früchte gut sichtbar fotografieren sollten, um die Bäume später identifizieren zu können.

Material

pro Kind ein Handy oder Fotoapparat

Gärtner und Gärtnerin

Jedes Kind bekommt circa einen Quadratmeter im Garten zugeteilt. Diesen Bereich darf jedes Kind selbst gestalten. Zuerst überlegt sich jedes Kind, was es aus seinem Garten machen möchte, z. B. Blumen säen oder eine bestimmte Gemüsesorte pflanzen. Anschließend beginnt jedes Kind, den zugewiesenen Bereich zu seinem eigenen zu machen, indem es ihn einzäunt, beschriftet und mit Erde auffüllt. Daraufhin können die nötigen Samen besorgt werden. Es können wöchentliche Besichtigungen stattfinden, bei denen alle gemeinsam von Garten zu Garten gehen und das Wachstum begutachten. Ältere Kinder können das Wachstum ihrer Pflanzen auch dokumentieren.

Material

Gartengeräte, Erde, Samen zur Auswahl

Tier- und Naturtagebuch

Jedes Kind bekommt ein Büchlein oder ein Heft. Dieses wird genutzt, um Tagebuch über die Erfahrungen mit Tieren und der Natur zu führen. Es kann z. B. festgehalten werden, welchen interessanten Tieren sie begegnet sind oder welches Naturschauspiel (z. B. Gewitter) stattgefunden hat.
An einem wöchentlich wiederkehrenden Vorlesetag können die Erfahrungen erzählt und ausgetauscht werden. Dabei darf sich jeder und jede ein Ereignis aussuchen, über das er oder sie berichten will.

Hinweis

Können die Kinder noch nicht ausreichend gut schreiben, können sie ihre Erfahrungen auch malen.

Material

pro Kind ein Büchlein oder Heft, Stifte

Chamäleon-Versteckspiel

Die Kinder ziehen sich der Umgebung angepasst an, z. B. grün wie die Wiese und die grünen Hecken oder braun wie die vielen Baumstämme. Ein Kind wird ausgewählt, das die Kinder suchen soll. Anschließend verstecken sich die anderen Kinder.
Nun läuft das Spiel wie ein übliches Versteckspiel ab, allerdings müssen die Kinder, die sich verstecken, von ihrem Versteck aus das Kind, das sucht, sehen können. Die Kinder dürfen sich nicht vom suchenden Kind abwenden, sondern sollten es so lange anschauen, bis sie entdeckt werden. Das Kind, das sucht, darf sich während des Suchens nicht vom Ausgangspunkt wegbewegen und nur mit den Augen suchen. Hat es ein Kind entdeckt, ruft es laut dessen Namen und, wo es sich versteckt hat. Wurde der richtige Name gerufen, muss das Kind aus dem Versteck kommen.
Es können weitere Runden folgen, in denen ein anderes Kind suchen darf.

Hinweise

- Idealerweise wird dieses Spiel abends gespielt, wenn es draußen zu dämmern beginnt.
- Es sollten genügend Sträucher, Bäume und Gegenstände, hinter denen die Kinder sich gut verstecken können, auf dem Gelände vorhanden sein.

Es fliegt, es fliegt

Jedes Kind baut aus Naturmaterialien ein Flugobjekt. Ziel ist dabei, ein Flugobjekt zu bauen, das so lange wie möglich in der Luft bleibt. Als Hilfsmittel kann die Spielleitung den Kindern zusätzliche Materialien geben, z. B. einen Meter Bindfaden oder einen Meter Kreppklebeband.
Nach der Bauphase präsentieren alle ihr Flugobjekt den anderen und erklären, welche Materialien sie verwendet haben. Die Kinder können ihren Flugobjekten auch einen Namen geben.
Schließlich werden die Flugzeiten verglichen. Ausgangspunkt für den Vergleich der Flugzeiten der einzelnen Objekte kann ein Balkon oder Fenster im ersten oder im zweiten Stock sein. Die Flugzeit wird mit der Stoppuhrfunktion am Handy gemessen.

Material

Naturmaterialien, Handy, evtl. Bindfaden und Kreppklebeband

Natur-Hindernisparcours

Mit Naturmaterialien, die lose am Boden liegen, wird gemeinsam ein Hindernisparcours im Wald oder auf einer Lichtung gebaut. Den Parcours überwinden die Kinder anschließend einzeln. Dabei kann die Spielleitung die Zeit stoppen.

Variation

Zuhause kann auch ein Müll-Parcours gebaut werden. Dafür können unter anderem Gegenstände aus Plastik und Pappe verwendet werden, die anschließend wieder entsprechend sortiert werden.

Material

Naturmaterialien

Schneckenfreunde

Bei leicht regnerischem Wetter gehen alle gemeinsam auf Weinbergschneckensuche. Die Kinder bringen dann jeweils eine Weinbergschnecke, die sie ausgewählt haben, zu einem gemeinsamen Bereich im Freien. Dort versuchen sie, Besonderheiten der Schnecke und ihres Häuschens auszumachen. Durch den Vergleich mit den anderen Weinbergschnecken merken sich die Kinder eventuell die Besonderheiten der eigenen Schnecke besser.
Anschließend bringen die Kinder die Schnecken genau an den Ort zurück, an dem sie die Schnecke gefunden haben. Wenn es das nächste Mal regnet, können sich die Kinder auf den Weg machen, um ihre Schnecken wiederzufinden.

Wichtig

Es muss sichergestellt sein, dass die Kinder sehr vorsichtig und behutsam mit den Schnecken umgehen! Die Schnecken dürfen zudem keinesfalls mit Stiften markiert werden, um die eigene Schnecke besser zu erkennen.

Hören wie ein Luchs

Die Kinder versammeln sich an einem bestimmten Ort in der Natur, der ihnen nicht allzu bekannt ist, und setzen sich im Kreis zusammen. Das Spiel beginnt und die Kinder konzentrieren sich auf das, was sie hören.
Sobald ein Kind ein Geräusch vernommen hat, das es bereits zuordnen kann oder beschreiben möchte, hebt es die Hand und die Spielleitung ruft das Kind auf. Das Kind sagt, was es gehört hat. Weiß das Kind nicht genau, worum es sich handelt, können die anderen Kinder und die Spielleitung helfen.

Variation

Die Spielleitung verteilt kleine Steine oder Holzstückchen, wenn ein Kind ein Geräusch erraten hat. Wer kann die meisten Geräusche erraten?

Material

evtl. kleine Steine oder Holzstückchen

Blinder Gärtner

Als Ort für dieses Spiel eignet sich der Garten genauso wie ein naher Wald. Die Kinder werden in Paare eingeteilt.

Ein Kind hat dabei eine Augenbinde auf und wird vom zweiten Kind zu einem bestimmten Gegenstand in der Natur, z. B. einem Stück Rinde, einer Blume oder einem Stein, geführt. Dort angekommen soll das Kind mit Augenbinde mithilfe von Tast- und Geruchssinn versuchen, zu erraten, worum es sich handelt.

Hat das Kind es nicht erraten, wird es zum nächsten Gegenstand geführt.

Hat das Kind erraten, worum es sich handelt, dürfen die Kinder die Rollen tauschen.

Material

Augenbinden

Spiele für Wertschätzung in der Kommunikation

3-x-10-Spaziergang

Dieses Spiel sollte im Freien stattfinden. Die Kinder schreiben drei Themen auf, die sie persönlich interessieren und über die sie sich gerne austauschen (z. B. Lieblingsserie, Lieblingsbuch, Urlaub, Pferde, Computerspiel, Katzen) auf ein DIN-A6-Blatt Papier.
Anschließend teilt die Spielleitung die Kinder in Paare ein. Dabei kann darauf geachtet werden, Kinder zusammenzubringen, die ansonsten selten oder gar nicht in Kontakt sind.
Daraufhin werden die Paare hintereinander mit ausreichend Abstand zueinander losgeschickt. Die Paare haben fünf bis zehn Minuten Zeit, während sie gehen, über das erste Thema auf ihrer Liste zu sprechen.
Anschließend werden die Paare getauscht und die Kinder sprechen die nächsten fünf bis zehn Minuten über die beiden nächsten Themen auf den jeweiligen Listen.
Daraufhin findet nochmals ein Partnertausch statt und die jeweils dritten Themen bilden die Gesprächsgrundlage.

Hinweis

Es gilt die Regel, dass die Kinder sich während des Gesprächs zu zweit nicht in Gruppen zusammenschließen. Diese Regel sollte im Vorfeld gut kommuniziert sein.

Variation

Die Kinder unterhalten sich über ein allgemein vorgegebenes Themenfeld.

Material

Papier (DIN A6), Stifte

Engel sein für ...

Jeder schreibt seinen Namen auf einen Zettel, der anschließend in eine Tüte gesteckt wird. Dann bekommt jeder die Aufgabe, einen Zettel zu ziehen, sich den Namen zu merken und den Zettel in eine zweite Tüte zu geben, den die Spielleitung in der Hand hält. Es sollte ein Geheimnis bleiben, wer wen gezogen hat.
Eine bestimmte Zeit lang (ein bis zwei Tage) beobachten die Kinder nun ab und zu die Person, die sie gezogen haben. Sie merken sich dabei das Positive, das sie sehen und wahrnehmen. Beispielsweise können sie sich merken, was das andere Kind gern macht, ob es viel lacht, was es gut kann, ob es mit anderen Kindern gut umgeht, es jemanden tröstet, ob es gerne anderen hilft oder gut erzählen kann.
Nach der vereinbarten Zeit wird aufgelöst, wer wen gezogen hat. Die Kinder tauschen sich dann unter vier Augen aus. Es ist wichtig, dass dabei nur positive Punkte erzählt werden.

Hinweis

Für den Austausch sollen die Kinder warten, bis ihr „Schützling“ nicht in einem anderen Gespräch ist und sie mit ihm so unter vier Augen sprechen können.

Material

Zettel, Stifte, zwei Tüten

Schreizeit – Flüsterzeit

Eine bestimmte Zeit lang (circa drei bis fünf Minuten) darf alles, was gesagt wird, nur geschrien werden. Daraufhin wird für denselben Zeitraum das Gegenteil gemacht, also geflüstert.

Hinweis

Das Ziel der Übung ist, die Ruhe schätzen zu lernen. Eine Nachbesprechung mit den Kindern ist sinnvoll. Dabei kann die Spielleitung folgende Fragen stellen:

- Was war den Kindern angenehmer?
- Wann haben sie besser zuhören können?
- Wie fühlten sie sich nach der Schreizeit, wie nach der Flüsterzeit?

Sprachlos

Die Gruppe beschließt, für eine bestimmte Zeit (eine Stunde bis zu einem Tag) kein Wort zu sprechen. Zuvor können für die wichtigsten Gegenstände oder Tätigkeiten Zeichen überlegt werden, um während dieser Zeit trotzdem kommunizieren zu können. Diese Zeichen können auch aufgezeichnet, mit Erklärungen versehen und aufgehängt werden.

Hinweis

Es ist sehr hilfreich, sich zuvor ausreichend Zeit zu nehmen, um sich die wichtigsten Zeichen für Gegenstände oder Tätigkeiten auszudenken und ein Plakat dazu zu erstellen. Es kann auch ein Blatt angefertigt werden, das mehrfach kopiert und an alle verteilt wird.

Material

evtl. Papier und Stifte

Spieglein, Spieglein

In diesem Spiel geht es darum, die positiven Besonderheiten der einzelnen Kinder in den Blick zu nehmen. Ein Kind beginnt und sagt beispielsweise: „Spieglein, Spieglein an der Wand, wer ist die Sportlichste im ganzen Land?"
Mit „Land" ist die Gruppe gemeint. Nun gehen die Kinder zu dem Kind, von dem sie denken, dass es das sportlichste von allen ist, und legen ihm entweder eine Hand auf die Schulter oder stellen sich ganz eng zu ihm. Das Kind, das am wenigsten Hände auf seinen Schultern hat, darf den nächsten Satz formulieren.

Hinweis

Damit jedes Kind einmal ausgewählt werden kann, sollte sich die Spielleitung zuvor für jedes Kind eine positive Charaktereigenschaft überlegen. Es geht bei diesem Spiel aber eigentlich nicht um die meisten Stimmen, sondern um die Erkenntnis, dass fast nie ein Kind allein z.B. am sportlichsten ist.

Beispiele für Besonderheiten

- das kreativste Kind
- das freundlichste Kind
- das schnellste Kind
- das geduldigste Kind
- das fröhlichste Kind
- das tanzfreudigste Kind
- das lustigste Kind
- das aufmerksamste Kind
- das kommunikativste Kind

Variation

Das Kind, das am meisten Hände auf seinen Schultern hat, darf die nächste Frage formulieren.

Ende gut, alles gut

Die Spielleitung bereitet Fragen vor, die den vergangenen Tag oder die vergangene gemeinsame Zeit betreffen. Diese schreibt sie auf kleine Zettel und steckt sie in einen Topf.

Beispiele für Fragen

- Wofür bist du heute dankbar?
- Willst du dich heute für etwas entschuldigen?
- Wofür möchtest du mich loben?
- Was hat dir heute Spaß gemacht?
- Was wünschst du mir?
- Was war heute nicht so schön?

Die Gruppe setzt sich in einen Kreis, der Topf wird in die Mitte gestellt. Ein Kind beginnt und zieht einen Zettel aus dem Topf. Das Kind stellt die Frage auf dem Zettel nun einem anderen Kind, beispielsweise: „Anna, wofür bist du heute dankbar?“ Nach Annas Antwort darf sie das nächste Kind fragen, z. B.: „Max, wofür bist du heute dankbar?“ So geht es weiter, bis alle die Frage des ersten Zettels beantwortet haben. Das letzte Kind darf dann den nächsten Zettel ziehen.

Material

Topf, vorbereitete Zettel mit Fragen

Stille Post mit Symbolen

Die Spielleitung bereitet auf Kärtchen mehrere Symbole vor, die leicht nachzuzeichnen sind, z. B. Sonne, Blume, Stern, Apfel, Herz.

Vier bis acht Kinder stellen sich hintereinander auf und schauen der vorderen Person auf den Rücken. Es können mehrere Gruppen gebildet werden. Die vorderste Person hat einen Stift und ein Blatt oder Plakat vor sich liegen oder hängen.

Die Spielleitung zeigt den hintersten Kindern für circa 30 Sekunden ein Symbol. Anschließend versuchen die Kinder, das Symbol detailgerecht auf den Rücken des vor ihnen stehenden Kindes zu zeichnen. So geht es bis zum vordersten Kind weiter, das das auf dem Rücken wahrgenommene Symbol auf das Papier zeichnet.

Die Kinder sollten während des Spiels nicht reden.

Gemeinsam betrachten und interpretieren die Kinder das Symbol auf dem Blatt Papier. Haben die Kinder in mehreren Gruppen gespielt, können die Symbole verglichen werden. Daraufhin zeigt die Spielleitung allen das ursprüngliche Symbol.

Hinweis

Im Anschluss kann darüber gesprochen werden, wieso es so schwer war, die Symbole weiterzugeben, und warum es manchmal so schwer ist, andere Menschen zu verstehen.

Material

vorbereitete Symbole auf Kärtchen

Abc-Spiel

Die Spielleitung schreibt die Buchstaben des Abc einzeln auf große Karten aus dickem Papier. Jeder Buchstabe sollte mindestens zweimal vorkommen, wobei die Vokale häufiger vorkommen sollten. Die Karten werden in eine Box gelegt.

Ziel des Spiels ist, dass die Kinder gemeinsam ein Wort bilden. Hierfür zieht jedes Kind mehrere Buchstaben. Die Aufgabe ist, einen Begriff zu finden, der mit dem zu tun hat, was eines der Kinder gerne hat.

Ein Kind beginnt, überlegt sich ein Wort, das damit zu tun hat, was es gerne hat, und wofür es einen passenden Buchstaben gezogen hat. Es stellt sich mit dem Buchstaben in der Hand vor die Gruppe. Daraufhin überlegt jedes Kind für sich, welchen Begriff sich das erste Kind ausgedacht haben könnte, und prüft, ob es einen passenden Buchstaben dafür gezogen hat. Hat ein Kind einen Begriff gefunden und hat es auch einen passenden Buchstaben, stellt es sich zum ersten Kind dazu. Dabei darf sich das Kind dazustellen, das am schnellsten ist. So geht es weiter, bis ein passender Begriff entsteht.

Ergibt sich kein sinnvoller Begriff, wird von vorn begonnen.

Hinweis

Anschließend kann darüber gesprochen werden, welche Begriffe die Kinder noch gefunden und zu wem sie gepasst hätten.

Material

vorbereitete Karten mit Buchstaben, Box

Lobworte statt Schimpfworte

Die Kinder überlegen sich statt Schimpfwörtern, die sie immer wieder verwenden, gegenteilige Lobwörter. Zuerst sammeln sie dafür die einzelnen Schimpfwörter, die sie verwenden, und überlegen sich dann gemeinsam alternative positive Lobwörter dafür. Das kann das Gegenteil des genannten Schimpfwortes sein oder einfach ein Lob oder eine Ermutigung.
Ziel ist es, dass die Kinder nur noch die Lobwörter verwenden. Die Verwendung der Lobwörter muss aber natürlich einige Male geübt werden, bis sie die Kinder wirklich anwenden.

Beispiele

- Mist – Duftperle
- Angsthase – starker Löwe
- blöde Kuh – intelligenter Mensch

Hinweis

Die Lobwörter merken sich die Kinder besser, wenn sie gemeinsam gesucht werden. Ob es Sanktionen gibt, wenn Schimpfwörter trotzdem fallen, kann gemeinsam überlegt werden. Es könnte z. B. vereinbart werden, dass für jedes Schimpfwort, das trotzdem fällt, etwas Gutes getan werden sollte, um es auszugleichen, beispielsweise einem anderen Kind bei einer Kleinigkeit zu helfen.

Klopapiervorstellung

Jedes Kind darf sich so viele einzelne Blätter von einer Klopapierrolle reißen, wie es möchte. Anschließend verkündet die Spielleitung die Aufgabe: Für jedes Stück Klopapier soll das Kind etwas Positives über sich erzählen.

Hinweis

Die Spielleitung und die anderen Kinder können helfen, wenn den Kindern nicht genügend positive Eigenschaften einfallen.

Material

Klopapier

Spiele für Wertschätzung in der Gruppe

Teamball

Alle Kinder bekommen einen Tennisball. Jedes Kind darf seinen Tennisball selbst individuell gestalten und ihn z. B. in bestimmten Farben anmalen. Die Bälle sollten idealerweise den Kindern sofort zugeordnet werden können. Eine kurze Vorstellungsrunde der gestalteten Bälle ist ein guter Einstieg in das Spiel.
Daraufhin bilden die Kinder Paare. Es wird ein bestimmter Punkt (das Ziel) auf einer Wiese oder auf dem Gelände vereinbart, zu dem die Kinder die Bälle hinwerfen sollen. Ein Paar beginnt und wirft seine zwei Bälle so, dass die Bälle so nah wie möglich beieinander in der Nähe des Zielpunktes liegen. Anschließend ist das nächste Paar an der Reihe.
Haben alle geworfen, wird geprüft, welche Bälle sich am nächsten liegen. Daraus werden die neuen Paare gebildet.

Variationen

- Es werden zehn Runden gespielt. Das Paar, das die meisten Runden zusammen war, gewinnt.

- Es wird ein quadratisches Feld gelegt, in dem die Bälle landen sollen. Verfehlt eine Person das Quadrat, scheidet sie aus. Die partnerlose Person darf nun versuchen, einen neuen Partner zu finden, indem sie den Ball gezielt in das Quadrat und möglichst nah zu einem beliebigen anderen Ball wirft.

Material

pro Kind ein Tennisball, Materialien zum Gestalten der Bälle

Hände raten

Zunächst dürfen die Kinder frei im Raum herumspazieren und von jedem anderen Kind die Hände anschauen und befühlen. Ziel ist es, sich besondere Merkmale beim Betrachten und Fühlen der Hände zu merken. Die Kinder sollten also wissen, zu welchem Kind welche Merkmale gehören. Nach circa fünf bis zehn Minuten (je nach Gruppengröße) setzen sich alle Kinder im Kreis zusammen.
Daraufhin meldet sich das erste Kind freiwillig. Es setzt sich auf die andere Seite einer Decke, die von zwei Kindern in die Höhe gehalten wird. Nun wird von der Spielleitung ein weiteres Kind ausgewählt, das sich leise vor die Decke setzen soll. Es streckt seine Hände unter der Decke durch, damit das Kind ertasten und an den Händen „ablesen" kann, um wen es sich handelt. Rät das Kind richtig, darf es noch einmal bei einem anderen Kind raten, um wen es sich handelt. So geht es weiter, bis das Kind nicht errät, wer vor ihm sitzt. Dann werden die Rollen getauscht.

Hinweis

Das Spiel kann in regelmäßigen Abständen wiederholt werden, um Aufmerksamkeit und Merkfähigkeit zu trainieren und die Kinder miteinander vertrauter werden zu lassen.

Variationen

- Es kann eine Augenbinde verwendet werden, um nur zu erfühlen, zu welchem Kind die Hände gehören.
- Es können auch Gegenstände unter der Decke hindurchgeschoben werden, wie z. B. Stofftiere, Kleidungsstücke oder Hausschuhe, die dem entsprechenden Kind zugeteilt werden sollen.

Material

Decke, evtl. Augenbinde

Bälle werfen

Alle stehen im Kreis. Ein Ball wird kreuz und quer durch den Raum geworfen. Die Kinder merken sich, von wem sie den Ball bekommen haben und zu wem sie den Ball geworfen haben. Hatte ein Kind den Ball bereits, setzt es sich auf den Boden oder den Stuhl. Daraufhin werden circa 30 Bälle (oder so viele, wie vorhanden sind) nacheinander in derselben Reihenfolge geworfen. Wenn ein Ball nicht gefangen wird und auf den Boden fällt, darf er nicht mehr ins Spiel gebracht werden. Am Ende werden die Bälle gezählt, die es bis zum letzten Kind geschafft haben.

Hinweis

Im Anschluss kann darüber gesprochen werden, was die Kinder tun können, damit mehr Bälle ins Ziel kommen. Je nach Vorschlägen kann eine Regel oder können mehrere neue Regeln eingeführt werden, z. B. den Namen der Person zu rufen, zu der man wirft, oder den Ball erst bei Blickkontakt zuzuwerfen. Eine Regel könnte auch sein, die Kinder, die nicht gut fangen können, anzufeuern.

Die neuen Regeln sorgen meist dafür, dass die Kinder einander mehr Wertschätzung entgegenbringen. Gleichzeitig können sie sehen, dass damit ein größerer Erfolg einhergeht.

Material

circa 30 Bälle

Weißt du, was ich mag?

Die Spielleitung bereitet Kärtchen mit Begriffen vor, die etwas beschreiben, was die Kinder gern mögen oder was sie nicht mögen. Das kann alles Mögliche sein: von Autos bis Baden und von Pizza bis Zähneputzen. Der Kreativität sind hier keine Grenzen gesetzt, nur sollten die Kinder die Begriffe bzw. die Tätigkeiten kennen und idealerweise auch schon getan oder erlebt haben.
Die Kinder werden in Gruppen von vier bis sechs Spielern eingeteilt. Die Begriffe werden gemischt und jedes Kind bekommt drei bis vier Kärtchen. Das erste Kind darf seine Kärtchen auf den Tisch legen und schließt die Augen. Die anderen Kinder wählen jeweils den Begriff aus, von dem sie vermuten, dass das Kind, das die Karten abgelegt hat, diese Tätigkeit oder diesen Gegenstand am meisten mögen könnte. Sie legen diese Karte verkehrt herum in die Tischmitte. Dabei gilt, wer sich zuerst für eine Karte entscheidet, darf diese nehmen. Die anderen Kinder müssen sich dann gegebenenfalls für eine andere Karte entscheiden. Wenn jedes Kind ein Kärtchen ausgewählt und abgelegt hat, werden diese in der Mitte gemischt und dann dem Kind wieder aufgedeckt vorgelegt, das

die Karten abgelegt hat. Das Kind darf die Augen wieder öffnen.
Nun überlegt sich dieses Kind, welchen Begriff es am meisten mag, und reiht die weiteren Begriffe darunter ein. Dann werden Punkte vergeben. Das, was der Spieler am meisten mag, bekommt die meisten Punkte, alle anderen bekommen der Reihenfolge nach einen Punkt weniger.
Daraufhin kommt das nächste Kind mit seinen Karten an die Reihe. Am Ende gewinnt das Kind, das in allen Runden die meisten Punkte gesammelt hat.

Hinweis

Bei sechs Kindern gibt es höchstens sechs Punkte, bei vier Kindern vier Punkte usw.

Material

vorbereitete Kärtchen

Give me five

Dieses Spiel ist eine Variante des Fangenspielens. Allerdings laufen hier nur zwei Kinder: die Fängerin und das Kind, das gefangen werden soll. Die anderen Kinder bleiben auf ihrem Platz stehen und halten beide Hände auf Schulterhöhe zum Abklatschen bereit. Wenn ein Kind von der Fängerin oder der Gejagten abgeklatscht wird, läuft dieses Kind in der Rolle des Abklatschenden weiter. Die Fängerin und die Gejagte können sich so von jedem Kind Unterstützung holen, wenn sie eine Pause brauchen.

Variation

Bei großen Gruppen können jeweils zwei Kinder die Fänger und die Gejagten sein.

Das langsamste Kind gewinnt

Die Kinder versammeln sich. Zuerst wählen sie einen Anfang und ein Ziel des Weges aus. Dann geht das Spiel los. Die Kinder gehen die Strecke ab. Dabei gewinnt allerdings nicht wie sonst immer das schnellste Kind, sondern das langsamste von allen.
Es gibt dabei nur die Regel, dass das Kind, so langsam es auch geht, nicht stehen bleiben darf. Jedes Kind muss immer in Bewegung sein, sonst wird es disqualifiziert und darf erst in der nächsten Runde wieder antreten.
Anschließend kann darüber gesprochen werden, was der Unterschied ist zum üblichen Ziel, der Schnellste sein zu wollen.

Hinweis

Der Weg sollte nicht allzu lang sein, denn meist gewinnt das Kind mit der größten Portion Geduld.

Speed Game

Die Kinder sitzen sich im Kreis zu zweit mit genügend Abstand zu den linken und rechten Nachbarn gegenüber. Anschließend folgt die Anleitung für das erste Spiel zu zweit. Dieses wird zwischen zwei und drei Minuten lang gespielt. Die Spielleitung hält dann einen Stab oder Ähnliches in die Höhe, damit die Kinder wissen, dass sie zum Ende kommen sollten. Wenn sich alle beruhigt haben, gibt es einen Spielerwechsel: Die Kinder, die außen im Kreis sitzen, wechseln einen Platz nach rechts. Dann folgt die Anleitung für das nächste Spiel.
Es können so viele Spielrunden folgen wie gewünscht.

Mögliche Spiele für zwei Kinder

- Schere, Stein, Papier
- 30 Sekunden Blickkontakt halten, ohne zu lachen
- Händefolgen mit Blickkontakt: Die Handflächen der Kinder berühren sich dabei nicht. Ein Kind beginnt damit, die Handflächen nach oben, unten und seitwärts zu bewegen, das andere Kind versucht zu folgen.

- Das Gegenüber zum Lachen bringen
- Einen persönlichen Gegenstand tauschen
- Zu zweit einen Ton anstimmen und mindestens zehn Sekunden halten
- Grimassen nachmachen
- Fünf-Finger-Streicheln: Ein Kind streckt eine Hand aus und wird vom Handanfang bis zu den einzelnen Fingerspitzen langsam mit einem Finger des anderen Kindes gestreichelt.
- Huckepack eine Runde um den Stuhlkreis laufen
- Auf den Rücken ein Wort schreiben und erraten

Hinweis

Es ist eine Form der Wertschätzung, wenn sich die Kinder nach einem gemeinsamen Spiel verabschieden und das neue Gegenüber begrüßen.

Material

Stab

Augengruß

Die Kinder stehen im Kreis und haben circa einen Meter Abstand zueinander. Anschließend bekommen sie die Aufgabe, sich ohne Worte nur mit den Augen zu begrüßen.
Die Spielleitung beginnt und stellt sich mit entsprechendem Abstand vor das Kind rechts neben sich und schaut ihm kurz (circa fünf Sekunden) in die Augen, bevor sie zum nächsten Kind weiterzieht. Ist die Spielleitung beim dritten Kind im Kreis angekommen, darf das nächste Kind in dieselbe Richtung starten und die Kinder einzeln mit einem Blickkontakt begrüßen. Die Spielleitung stellt sich wieder an ihren Ausgangspunkt.
Jeder und jede sollte einmal die Rolle des begrüßenden Kindes eingenommen haben.

Variation

Die Begrüßung wird nach dem Blickkontakt noch mit einer Verbeugung ergänzt.

Gruppenbild

Die Kinder sitzen im Kreis um eine Leinwand und Ölmalkreiden (oder Farbstifte) herum. Anschließend darf ein Kind beginnen. Es wählt eine Farbe aus und malt damit etwas auf die Leinwand. Es ist ganz egal, was das Kind malt. Daraufhin darf das nächste Kind zur Leinwand und etwas malen. So geht es weiter, bis alle an der Reihe waren. Auf diese Weise entsteht ein gemeinsames Gruppenbild.

Hinweise

- Je nach Gruppengröße kann die Leinwand entsprechend groß sein.
- Für das Malen eignen sich Ölmalkreiden am besten.
- Hierbei handelt es sich um ein ideales Meditationsspiel.

Material

Leinwand, Ölmalkreiden oder Farbstifte

Guardiola-Spiel

Jedes Mal, wenn eine Gruppe im Kreis oder an den Tischen zusammenkommt, setzen sich die Kinder auf einen anderen Platz neben zwei andere Kinder. Das sollte bei jedem neuen Zusammenkommen gemacht werden.

Hinweise

- Der Ablauf sollte ohne Zwang funktionieren, denn dann macht es richtig Spaß und die Gruppe kann besser harmonieren und zusammenspielen.
- Der Fußballtrainer Pep Guardiola lieferte die Idee für dieses Spiel: Er ließ seine Spieler jeden Morgen beim Frühstück neben zwei neuen Nachbarn sitzen, um den Zusammenhalt der Mannschaft zu stärken.

Don Bosco MiniSpielothek
Klein, fein, alles drin

ISBN 978-3-7698-2539-8

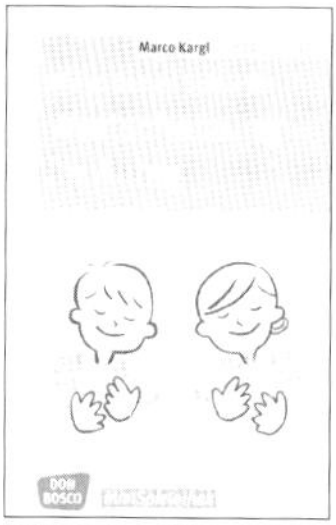

ISBN 978-3-7698-2540-4

ISBN 978-3-7698-2520-6

ISBN 978-3-7698-2521-3

ISBN 978-3-7698-2509-1

ISBN 978-3-7698-2510-7

ISBN 978-3-7698-2503-9

ISBN 978-3-7698-2498-8

ISBN 978-3-7698-2497-1

ISBN 978-3-7698-2466-7

ISBN 978-3-7698-2465-0

ISBN 978-3-7698-2449-0

ISBN 978-3-7698-2450-6

ISBN 978-3-7698-2397-4

ISBN 978-3-7698-2398-1

ISBN 978-3-7698-2399-8

ISBN 978-3-7698-2400-1

ISBN 978-3-7698-2374-5